AF445613

LIBROS PARA LEER EN VOZ ALTA

Colección cuentos inter-generacionales

ANAIS BELLIDO

ANAIS.BELLIDO@YAHOO.COM

HTTPS://WWW.INTER-GENERACIONAL.COM

Contenido

INTRODUCCIÓN

Octavio y Clara bajaron del coche, aparcado delante de la puerta abierta del jardín. Cuatro niños, el pelo revuelto por el viento y la cara tostada por el sol del verano los esperaban impacientes por lanzarse a sus brazos.

- ¡Por fin habéis llegado! - dijo Gabriel, mientras iba de uno a otro, sin saber a quién saludar primero.

- ¡Madre mía, cómo habéis crecido! - exclamó Clara, mirando a los niños que revoloteaban a su alrededor como una bandada de gorriones. - ¿A quién le habéis pedido permiso para crecer tanto?

- A mamá y papá - le contestó Laura, muy segura de su respuesta.

- Pues yo no estoy muy segura de que Gabriel me haya pedido permiso. - la voz de la tía Alba surgió de pronto, acercándose al grupo que trataba de cruzar la puerta del jardín, sin éxito, por el movimiento constante de los niños.

- Toma, Adrián - le dijo Octavio al chiquillo que tenía más cerca - Dale esto a la Yaya. Ten cuidado, es la merienda.

Aquellas frases resultaron tener un efecto mágico sobre los cuatro pequeños. Adrián cogió el paquete que le tendía el veterinario, mientras Clara acercaba a Laura y a Anna dos bandejas enrolladas en papel blanco. Gabriel, sin esperar más, ya había salido corriendo para apartar la cortina de tiras metálicas que protegían la entrada de la casa de los insectos.

- ¡Lo has conseguido! - celebró la tía Alba, saludando efusivamente a sus amigos que, por fin, conseguían traspasar la entrada del jardín.

- Tengo un poco de práctica, sí - le contestó Octavio, con una sonrisa traviesa.

- Igual que con una camada de cachorros. Les echas un hueso y salen corriendo a buscarlo - añadió Clara, dando un golpecillo amistoso sobre el brazo del veterinario, haciéndolo reír.

El sol de julio brillaba con fuerza en el cielo y el calor apretaba, aunque la tarde estaba ya bastante avanzada. Los tres adultos, tras cerrar la verja, se dirigieron a la terraza donde la mesa estaba ya preparada para recibir a los invitados.

Era el primer reencuentro tras la llegada, unos días antes, de la familia a la casa donde pasaban las vacaciones.

- ¡Ya estáis aquí! - dijo la tía Pilar, asomándose a la terraza para saludar a los recién llegados. - ¡Qué alegría veros!

- También nosotros teníamos ganas de verla, Pilar - le contestó Octavio, acercándose a la mujer que, a pesar de sus casi 100 años, aún mantenía un excelente estado de salud. - Espere, apóyese en mí para bajar el escalón.

- ¿Qué es eso de llamarme de usted? Nada, nada. Me tuteas como a los demás, que aún soy joven - declaró la tía Pilar, tomando el brazo que el veterinario, solicito, le ofrecía.

- Tú siempre estás joven - dijo Clara, acercando una silla para que la tía Pilar pudiera sentarse.

- Oíd, a mí me ha dicho mi hija, que no prepare nada, que vosotros lo traíais todo para la merienda-cena y yo me lo he creído - la cabeza de la Yaya se asomó por la cortina de la puerta. - Alba, he dejado a los niños en la cocina. Te cedo el sitio, para que lo organices todo.

La tía Alba dio un beso a su madre al pasar y desapareció en el interior de la casa, mientras la Yaya se instalaba en la terraza, dispuesta a dejarse mimar.

- ¿Qué tal desde la última vez que nos vimos? - dijo, mirando alternativamente a Clara y Octavio para invitarlos a hablar.

- Trabajo, trabajo y trabajo - declaró el veterinario, con un gesto cómicamente desesperado.

Clara se echó a reír sin hacer caso a las aparentes quejas de su amigo de infancia. Sabía muy bien que la salud de los animales era su pasión y que él mismo no perdía ocasión de complicarse la vida con algún proyecto profesional.

Ella también había estado aquel invierno varios meses en Polonia, dentro de un proyecto europeo de intercambio de técnicas policiales. Sonrió. Le había encantado estar allí. Las conversaciones con otros compañeros de diferentes países habían sido realmente enriquecedoras. Le habían abierto la mente a nuevas perspectivas. Por otro lado, había aprovechado ese tiempo para centrar sus propios objetivos que la rutina diaria había ido enterrando bajo un poso de cotidianidad. Pero había echado de menos el calor. Al descubrir un rayo de sol que atravesaba la vegetación del jardín para iluminar la terraza, movió su silla colocándose bajo su luz. Al mismo tiempo los cuatro niños seguidos por la tía Alba salían de la casa pronunciando una serie de "tachán, tachán" con idea de llamar la atención sobre lo que depositaban sobre la mesa.

- Estoy muy enfadada contigo, Clara - dijo Anna, dejando su trozo de coca de nueces y pasas sobre el plato para mirar muy seria a la mujer policía.

- Yo también estoy muy enfadado con ella - aseguró Octavio, con los ojos brillantes y la sonrisa pícara - Tiene a su lado la jarra de horchata que ha preparado Alba y no me deja que me sirva mi segundo vaso.

- ¿Tu segundo? - preguntó Laura, encargada de servir las segundas rondas de bebidas, estaba segura de haber llenado hasta arriba el vaso de Octavio.

- ¡Pero no creo que estés más enfadado que yo...que nosotros! - dijo Anna, sin dejar que la conversación divagara hacia otros lugares. - Nos prometiste venir a Frankfurt a vernos cuando acabaras tu curso en Polonia y no viniste.

- ¡Es verdad! Yo también hubiera querido que vinieras a París y sino, por lo menos, hubiéramos ido mamá y yo a Alemania en tren para pasar en fin de semana juntos. - se quejó a su vez Gabriel, cogiendo una empanadilla de pisto preparadas por Octavio para la merienda.

Clara suspiró. A ella también le hubiera gustado poder acercarse a la ciudad donde Adrián, Laura y Anna vivían durante el año.

Adrián y Laura eran mellizos, además de los primos pequeños de Gabriel, ya que las madres de los tres eran hermanas. Desde que podían recordar habían pasado las vacaciones en aquella casa de campo, entre árboles frutales, pinos y vegetación mediterránea. Fue durante unas de esas vacaciones cuando conocieron a Octavio y Clara cuando los tres primos encontraron en medio del bosque un perrito que resultó ser de precio tan elevado que se necesitaría una pequeña fortuna para pagarlo. Poco después, esas mismas vacaciones, Anna había venido con sus padres y pronto los cuatro niños se volvieron inseparables. Era ya tradicional que una parte del verano lo pasaran juntos, convirtiendo a Anna en una más de la familia.

También la Yaya María, alejada de sus nietos durante la mayor parte del año contaba los días para el final de las clases y poderlos abrazar de nuevo, a pesar de sus frecuentes viajes, a Francia y a Alemania, tanto para ver a su repartida descendencia, como a causa de su trabajo de profesora universitaria e investigadora.

- Me hubiera encantado ir a veros, chicos, de verdad de sí - les aseguró Clara, con cierta nostalgia en la voz. - Sin embargo, no estaba acostumbrada al frío de Polonia. Cogí un trancazo especialmente fuerte- ¡Me tuvo en cama casi diez días, desbaratándome todos los planes! Me hubiera gustado también estar en tu conferencia, Alba. ¡Me supo fatal perdérmela!

- Está colgada en internet - le contestó esta, con una sonrisa, pasando la bandeja de las madalenas a la tía Pilar, que cogió una - La puedes ver cuando quieras.

- Ya, pero no es lo mismo - volvió a suspirar Clara - Si sólo hubiera sido el tema, verlo en internet está bien. Te aporta la información. Pero me hubiera gustado darte un abrazo al terminar. poder charlar con algunas de las personas que estuvieron allí y que dieron sus testimonios.

La tía Alba sonrió. Le producía una cálida sensación de aprecio aquello que su amiga le estaba diciendo. Era un proyecto en el cual creía desde hacía años, por haberlo vivido en su propia familia, pero trasladarlo a su realidad profesional había sido para ella un salto al vacío. Lo había comentado en primer lugar con el director del colegio en el que trabajaba en París, tanteando el terreno, antes de lanzarse a una presentación formal. Fue una agradable sorpresa encontrar unos oídos receptivos.

- ¿De qué habláis? - preguntó Anna, de repente, olvidando su enfado.

- Del proyecto que la tía Alba ha puesto en marcha en su cole - empezó Adrián a explicar, mirando a su amiga, siendo interrumpido por su melliza:

- Sí, el cole de la tía Alba tiene ahora un proyecto de lectura inter-generacional.

- ¿Inter... qué? - preguntó Anna frunciendo las cejas en señal de desconcierto.

- ¡Inter-generacional! - exclamaron los tres primos a la vez, echándose a reír.

- Significa - aclaró la tía Alba, en vista que su hijo y sus sobrinos no se hallaban en condiciones de seguir hablando por el momento a causa de la risa - que hay personas de diferentes edades compartiendo espacio durante algunas horas en el colegio, leyendo juntos libros que les gustan.

- Como nosotros hacemos en casa. ¿Verdad, tía Alba? - inquirió Adrián, con una dulce sonrisa.

- Efectivamente - esta vez fue la Yaya la que tomó la palabra, pasando la mano sobre la frente de la amiga de sus nietos, donde un mechón atrevido amenazada con meterse en el ojo de la niña - Aquí, por ejemplo, somos personas de cuatro generaciones distintas, porque la tía Pilar es también mi tía.

- ¡Y leemos mucho! - añadió Laura.

- Pero mi proyecto trata de compartir las lecturas, leer en voz alta, sobre todo - aclaró la tía Alba a su vez.

- ¿Pero eso no lo normal? - preguntó Anna, cada vez más desconcertada.

- No, Anna, no es tan normal - le contestó Octavio, uniendo el movimiento de su cabeza para marcar la negación. - Cuando Clara y yo éramos pequeños, sí nos leían nuestros padres, pero una vez empezamos a ir a la escuela y aprendimos a leer, se suponía que nosotros debíamos leer por nosotros mismos. Lo de leer en voz alta era para pequeñajos.

- Sin embargo, cuando vimos "el Club de los Poetas Muertos", el profesor lee en voz alta a sus alumnos adolescentes, sin llamar especialmente la atención. - dijo Clara - ¿Te acuerdas, Octavio, fuimos al cine a verla con tus padres y tu hermano?

Octavio asintió, mientras Clara le acercaba la jarra de la horchata, para servirse su tercer vaso.

- En realidad, es algo cultural, hay países donde se sigue leyendo a los niños, aunque sepan leer y otros no - dijo la Yaya.

- Sí, pero en mi cole, que es también el cole de mamá, los martes y los viernes por la mañana, vienen los Lectores Seniors. - intervino Gabriel - Y no sólo nos leen, también nosotros les leemos a ellos, depende.

- Por supuesto, porque mi proyecto es bidireccional. A veces, un Lector Sénior lee uno o varios capítulos para toda la clase, o es un alumno el que lee para un grupo de Seniors - explicó su madre.
- Me gustó mucho cuando Aisha y Adib leyeron para aquellas personas que ya no podía porque la vista les fallaba - explicó Adrián.
- ¿Vosotros estabais en la conferencia? - se sorprendió Anna, mirando alternativamente a los mellizos.
- No, no pudimos - le aclaró Laura - Opa y Oma celebraban su aniversario de boda. Le habíamos preparado una fiesta sorpresa y no podíamos faltar.
- Pero lo vimos todo después por internet - le aseguró Adrián, antes de dar un bocado contundente a un trozo de chocolate.
- ¡Pues yo sí que estuve! Fui a París adrede para asistir - declaró la tía Pilar y añadió mirando, cómplice, al mayor de los niños - Gabriel y yo tuvimos mucho éxito con nuestra lectura a dos voces.
- ¡Lo vimos en el vídeo! - exclamó Adrián, emocionado - ¡Todo el mundo aplaudió a rabiar!
- ¿Cómo lo preparasteis, si una estaba en Valencia y en otro en París? - se extrañó Anna, totalmente desconcertada.

- ¡Por videoconferencia! - exclamaron la tía Pilar y Gabriel, a coro.

- ¡No sabéis lo que ensayaron! - dijo la Yaya, mirando orgullosa a su nieto - Incluso tenían previsto qué harían si al final la tía Pilar y yo no hubiéramos podido volar a París y la tía hubiera tenido que intervenir a través de una pantalla.

Los niños revolotearon alrededor de la mesa, cogiendo aquello que les pareció más apetitoso, antes de volver a sentarse.

- Yo también tengo un grupo de trabajo en la Universidad sobre las relaciones inter-generacionales - comentó la Yaya, tras una pausa. - Es bueno que las personas se relacionen con otras de su edad, porque tienen aspectos en común derivados de estar en una misma etapa vital.

- ¡Cómo cuando yo me rompí la pierna! - bromeó Octavio, limpiándose las manos con la servilleta - Sólo veía a mi alrededor gente con escayola.

La Yaya rio antes de retomar su explicación:

- Pero estar con personas de diferentes edades, nos abre la mente a otras formas de ver el mundo, a adaptar nuestro ritmo al de otros, a aceptar que todos somos importantes y valiosos, independientemente de nuestras capacidades.

- Además, si existen películas familiares, no veo por qué no puede haber libros para todas las edades - señaló la tía Pilar, apartando con un gesto inconsciente de la mano una avispa que se había acercado a curiosear.

- Pues yo, si tuviera que hacer una lista de libros, así a voz de pronto, no se me ocurriría ninguno - dijo Clara, pensativa.

- Pues yo así, para empezar, diría *el hombre que plantaba árboles*, de Jean Giono - comentó la tía Alba, separando la silla de la mesa para que Laura se sentara sobre sus rodillas.

- Vale, no me digas más. Va de un hombre que criaba ranas, lo de los árboles, era para despistar - le contestó Clara, que había recobrado su viveza habitual, y acogía a Anna sobre su regazo.

- Pues no vas tan desencaminada - le respondió Gabriel, apoyando su cuerpo sobre el brazo de Octavio.

- Anda, ven aquí, renacuajo medio metaformeado - le dijo este, en relación con el último estirón dado por el niño, que lo adentraba en el mundo de la preadolescencia, pasando el brazo sobre sus hombros para acomodarlo mejor.

- Nosotros también lo conocemos, nos lo leyó la maestra en clase - dijo Anna.

- Pero la tía Alba ya nos lo había leído antes - le contestó Adrián que también buscó su lugar en un regazo, en este caso, en el de la Yaya.

- Habla de un señor que durante un montón de años planta semillas de árboles en una zona desierta de... - empezó a explicar Laura, pero se quedó enganchada por la duda - ¿Cómo se llamaba donde vivía este señor, tía Alba?

- Este señor se llamaba Eleazar Bouffier y el lugar donde vivía era la Provenza, una zona en el sur de Francia. - le aclaró su tía con una sonrisa.

- Eso - y la pequeña enganchó siguiendo su relato - pues ese señor que ha dicho la tía Alba y que vivía en ese sitio vivía totalmente solo y...

- Se dedicaba a plantar árboles, no porque se aburría, no, porque podía haber hecho otra cosa, como tocar un instrumento o hacer muebles - continuó su hermano, que se había animado a su vez - Plantaba árboles porque estaba convencido que era lo que inicia la vida, porque era su forma de hacer un mundo mejor.

- ¿Y lo consigue? - le preguntó Octavio, divertido por la forma de explicar aquella historia.

- ¡Por supuesto que lo consigue! - le contestó Laura, casi ofendida por la duda - Plantó muchos cientos de árboles. ¿Verdad, tía Alba?

- Sí, cariño - le respondió su tía, a la que también divertía la vehemencia de los pequeños - Miles de árboles, en realidad.

- Porque los árboles atraen a la lluvia y con ella, se llenan los ríos y las fuentes - continuó Anna - Y si hay agua, los animales vuelven y vuelve el ciclo de la vida.

- Vamos, que es una oda a la esperanza - concluyó la Yaya, con los brazos alrededor de la cintura de Adrián.

- Y a la cooperación, la ecología, la perseverancia - añadió la tía Alba, sonriendo a su madre.

- Pues con todo lo que me habéis dicho, lo voy a poner en mi lista de "pendientes" - dijo Octavio.

- ¿Sabes que es de libre difusión? - le comentó la tía Alba, jugueteando con los dedos de su sobrina. - El autor lo escribió por encargo para una revista, pero como al final no llegaron a un acuerdo, cedió el relato, libre de derechos, así que seguro que lo puedes encontrar colgado en internet y sin remordimientos de conciencia.

- ¡Eso sí que es curioso! - comentó Clara, soltando a Anna, que se levantó con mucha cautela para observar una ardilla royendo una piña sobre el pozo del jardín, mientras miraba, embelesada, el gato de piedra.

- Pues el próximo libro lo propongo yo - anunció Gabriel cuando los cuatro niños se cansaron de observar a la ardilla.
- ¿Y cuál propones? - preguntó Adrián, sentado junto a su primo.
- ¡*La ciudad de las bestias* de Isabel Allende! - le contestó este - porque tiene de todo: misterio, aventura...no le falta de nada.
- Pero, Gabriel, para ser inter-generacional está un poco tiradito por los pelos - le señaló la Yaya, con cariño - porque acuérdate que lo empezamos a leer con Laura y Adrián cuando vinisteis en Pascua y les pareció demasiado difícil.
- Ya, pero luego lo acabé yo en el avión, de vuelta a casa y me gustó mucho - argumentó su nieto mayor - Además, han pasado tres meses desde pascua, quizás ahora sean lo suficientemente mayores.
Los adultos se echaron a reír, pero Gabriel continuó con su exposición:

- Es verdad que al principio tarda mucho en empezar la acción, porque nos explica cómo vivía el protagonista, Alexander, es un adolescente que vive en California con sus padres. Cuenta cómo su vida ha cambiado desde que su mamá enfermó de cáncer.

- ¡Ay, sí, ya me acuerdo de ese libro! - dijo Laura, interrumpiendo a su primo - Me puso muy triste porque me imaginé a mi mamá enferma y me dio ganas de llorar.

- ¡Yo tampoco me acordaba del libro! - dijo Adrián - Pero ahora recuerdo que el protagonista hacía cosas para ser como los demás de sus compañeros y para llamar la atención de las chicas. ¡Yo no lo entiendo, hay que ser uno mismo!

- ¡Eso es al principio! - retomó Gabriel, con más emoción, al ver que había logrado interesar a sus primos - Una vez llega al Amazonas...

- ¿Al Amazonas? - interrumpió Octavio - Espera, espera, que me parece que le has dado una patada al mapa porque California no está para nada cerca del Amazonas.

- ¡Que no! Primero va a Nueva York - dijo Gabriel, cada vez más emocionado.

- Pero que conste que eso no queda camino al Amazonas desde California - insistió Octavio, divertido.

- Yo me acuerdo - Laura acudió al rescate de su primo - Alexander, el protagonista, va a Nueva York a buscar a su abuela, que es escritora y que va al Amazonas para escribir sobre una bestia misteriosa.

- ¿Una bestia misteriosa? - preguntó Anna, con un hilo de voz - ¡Eso sí que da miedo!

- ¡Pero es que las bestias, que no es una sino muchas, son buenas! - retomó Gabriel - Mira, si te saltas los primeros capítulos y vas directamente donde aparece Nadia, a partir de ahí está genial y yo creo que os gustará. ¡A mí me ha dado ganas de ir al Amazonas para conocer a la gente de la Neblina!

- ¿Quiénes son la gente de la Neblina? - preguntó Clara, picada ella también por la curiosidad.

- Son una tribu de indios que nunca han tenido contacto con el mundo exterior y que protege a las bestias - le explicó Gabriel - Yo quiero ir al Amazonas a aprender a hacerme invisible como ellos, porque Nadia lo aprende. Dice que es una actitud mental, lo pone en el libro. Además, Alexander y Nadia...

- ¿Pero quién es esa Nadia, que no paras de hablar de ella como si la conocieras de toda la vida? - le preguntó la tía Pilar, de repente.

- ¿No os lo he dicho? Nadia es la hija de César Santos, el guía que tiene que llevar a la expedición de la abuela de Alexander a buscar a la bestia - explicó Gabriel. - Y también quiero ir al Amazonas para descubrir mi animal tótem, como Alexander y Nadia. A veces se convierten en jaguar y águila y a veces no se sabe si se han convertido de verdad o les ha parecido.

- Eso es el realismo mágico - comentó la tía Alba, mientras su hijo tomaba un poco de horchata que le quedaba en el vaso para aclararse la voz - No se sabe dónde acaba la realidad y empieza la magia.

- ¿Magia? ¿Hay magia en ese libro? - exclamó Adrián, para quien el libro parecía retomar un súbito interés.

- Pues no se sabe, eso es lo malo - le respondió su primo, dando un suspiro - No se sabe si es magia o es una habilidad especial, por eso quiero ir al Amazonas a comprobarlo.

- ¿Pero la mamá de Alexander se cura o no? - quiso saber Laura, con ideas muy claras sobre lo que era importante - Porque si la mamá se muere, yo no quiero leerlo, que es muy triste.

- ¡Claro que se cura! - le dijo Gabriel - Está una clínica en Texas para que le ponga la quimioterapia. Alexander la vio cuando estaba en el Amazonas.

- ¿Por videoconferencia, como la tía Pilar y tú? - quiso saber Adrián.

- ¡No! Por magia que no se sabe si al final es magia o no lo es, cuando Alexander quiere conseguir el agua de la salud para curar a su madre - soltó Gabriel de carrerilla.

- Gabriel, cariño, creo que es mejor que no cuentes nada más - le sonrió la Yaya _ Yo creo que todos tenemos ya ganas de leerlo.

- ¿Quién propone el libro siguiente? - preguntó la tía Pilar, mientras la Yaya servía una ronda de agua.

- *¡Quién se ha llevado mi queso*! - exclamaron Laura y Adrián, de repente.

- ¡Yo, no! - les contestó Gabriel, haciéndoles un guiño y cogiendo un trozo de Gruyère de una bandeja de la mesa

- ¿Pero qué es eso? - preguntó Anna, sin comprender.

- ¡Eso es queso! ¿Qué queso es? - recitaron Laura y la Yaya jugando con los dedos.

- ¡No les hagas caso, Anna! - dijo Adrián, mirando a su amiga. - *¿Quién se ha llevado mi queso?* es un libro.

- ¡Tiene nombre de novela policiaca, con notas cómicas! - comentó Clara.

- *¿Quién se ha llevado mi queso?*, un nuevo caso para Hércules Poirot - le contestó Octavio, con una mirada traviesa a su amiga.

- Se está burlando de mí, luego os lo explico - dijo Clara, mirando a los niños que miraban a ambos adultos con expresión sorprendida. - El libro es una fábula sobre cómo hacer frente a los cambios y a la incertidumbre de la vida.
- Hay cuatro personajes - siguió explicando Adrián. Al ver a Gabriel picando de la bandeja del queso, cogió un trozo también. - Dos ratones Fisgón y Escurridizo y dos hombrecillos, Hem y Haw, buscan queso en un laberinto.
- Pero al principio del libro, los cuatro han encontrado buenas reservas y no necesitan continuar buscando - añadió la tía Alba.
- ¡Pero se les acaba! - dijo Laura, mostrando la bandeja de antes llena de queso y ahora vacía por las manitas de los cuatro niños.
- Y cada uno de los cuatro personajes reacciona a ese hecho de forma distinta. - añadió Octavio, mirando a los niños con cara de fingido enfado, señalándoles la bandeja.
- ¿Pero todos conocéis el libro menos yo? - se quejó Anna, mirando sorprendida a todos los comensales.
- Es que fue un gran éxito en su momento - le respondió Clara, para tranquilizar a la niña.
- Y es muy fácil de leer - añadió a su vez la tía Pilar.
- Claro, al ser una fábula, es como si fuera un cuento y tanto los mayores como los pequeños

les resulta muy amena la historia - dijo la Yaya - A veces incluso te puedes quedar decepcionado porque el relato es muy corto y aparentemente muy simple.

- Pero cuando lo leímos en grupo, con los Lectores Seniors del cole le sacamos mucho jugo - recordó Gabriel - Porque lo verdaderamente divertido es poder hablar con otras personas y ver con qué personaje te identificas más.

- ¿Fue a raíz de ese libro que jugasteis al juego de la confianza? - preguntó la tía Alba a su hijo.

- Sí. Organizamos el juego por parejas, un senior con un junior - le respondió Gabriel - Teníamos que buscar un queso escondido con los ojos tapados, mientras nuestro compañero o compañera nos indicaba el camino para no tropezar y para guiarnos.

- Uy, yo no sé si me hubiera atrevido a taparme los ojos - comentó la tía Pilar, poniendo cara de susto - Si ya mirando, a veces tropiezo con una raya de lápiz pintada en el suelo, no me quiero imaginar lo que daría con un pañuelo delante.

- Fue todo un reto - comentó la tía Alba - Algunos niños se sentían importantes al guiar a las personas mayores, otros se ponían nerviosos por la responsabilidad, pero los profesores estaban siempre pendientes para que no se crearan situaciones de peligro.

- El señor Marcel, uno de los Lectores Seniors, se bloqueó y no quiso jugar - recordó Gabriel, tras una pausa - Decía que por muy bien que lo guiáramos le ponía muy nervioso el hecho de tener los ojos tapados, que no era cuestión de edad porque cuando era joven también le pasaba.

- Es curioso que hayas enfocado el tema del cambio desde la confianza - señaló Octavio, que había estado callado, pero muy atento al intercambio de ideas que habían surgido en torno al libro. - Yo lo hubiera enfocado más bien desde el miedo a recorrer el laberinto, sin saber si habrá queso en algún lugar o no, o sin saber si, a pesar de haberlo, sería yo capaz de hallarlo.

- No entiendo muy bien a qué te refieres - le contestó la Yaya, arqueando las cejas.

- Te lo explico con un ejemplo - le dijo Octavio - Siempre he admirado mucho a Clara por la fuerza de voluntad que tuvo de presentarse a las oposiciones. Yo sólo de pensarlo, se me caía el mundo encima.

- ¡Pero yo quería ser policía desde pequeña! - le contestó Clara, acariciando ligeramente la mano de su amigo - Cuando veía a tu padre volver del trabajo, me quedaba fascinada. En realidad, me presenté con la idea de que era mi pasión y que no había otra opción que aprobar. Me costó mucho, ya lo sabes, pero al final lo conseguí.

- Lo sé. Estoy muy orgulloso de los dos, de mi padre y de ti - le dijo Octavio, con una sonrisa
- Aquella vez que te presentaste y suspendiste, ¡qué mal lo pasaste!
- Lo pasamos mal los dos porque tú estuviste allí, a la entrada y a la salida de cada examen - dijo Clara, con la voz quebrada por la emoción
- Para recoger los trozos de Clara y volverlos a montar - dijo Octavio, no menos emocionado.
- Y al final, conseguiste el queso, que para ti era ser policía - concluyó la tía Alba.

- Clara, al final no nos has contado por qué Octavio se burlaba de ti - dijo Laura, mirando a la mujer policía.

Octavio y Clara intercambiaron una mirada de complicidad.

- Es por las novelas de Hércules Poirot - le respondió ella.
- ¿Quién es, otro escritor? - preguntó Adrián.
- No, Hércules Poirot es un personaje creado por la escritora Agatha Christie - fue la respuesta de Clara.

- ¡Esos libros eran de cuando yo era pequeña! - exclamó la tía Pilar.

- ¡Tanto tiempo hace que fueron escritos! - exclamó Laura, mirando a su tía-bisabuela.

- Eso forma parte del encanto de esos relatos - comentó Clara - que están ambientados en una época que ya no existe, pero no es una novela histórica, porque no recrea un tiempo, sino que simplemente la autora explica lo que era la realidad de su época.

- No lo entiendo. - dijo Adrián - ¿Por qué no es una novela histórica? ¡Si fue escrita hace un montón de tiempo!

- Las novelas de Agatha Christie son de misterio, pero también se llaman de detectives - le explicó la tía Alba - Hay un misterio que resolver, como una desaparición, un robo o un asesinato.

- ¡Asesinatos! - exclamaron los tres niños más jóvenes al unísono.

- No os pongáis nerviosos, que no pasa nada - los tranquilizó la tía Pilar.

- Sí que pasa, no está bien matar gente - dijo Adrián, muy serio.

- No, por supuesto que no, por eso surgen los detectives, para resolver el misterio - le contestó Clara, pero antes de que pudiera continuar, Anna exclamó:

- ¡Como *Emilio y los detectives*! Me encantó ese libro. - y sin dar pie a nada más se lanzó en una argumentación de su apreciación - Es un libro alemán que me recomendó mi Oma. Ella también lo leyó cuando tenía mi edad. Va de un niño que se llama Emilio que viaja a Berlín en tren a casa de su Oma, pero de camino, un ladrón le roba el dinero que su mamá le ha dado.

- Ah, sí, yo también lo he leído - exclamó Adrián - Mola mogollón. Emilio encuentra a un grupo de niños en Berlín que le ayudan a capturar al ladrón, entregarlo a la policía y recuperar el dinero.

- Vuestra mamá y yo también lo leímos cuando éramos pequeñas - sonrió la tía Alba, dirigiéndose a sus sobrinos. - Es un libro muy bueno, pero además, si no me equivoco, es el primer libro de detectives para niños.

- ¿De verdad es el primero? - preguntó Laura con los ojos muy abiertos - ¿El primero de todo, todo el mundo?

- A ver...segura al cien por cien no estoy, cariño - le contestó la tía Alba - Yo creo que sí, pero para dártelo por seguro, tendría que verificarlo.

- ¿En qué año fue escrito? - se interesó la Yaya.

- Creo que en 1928 o 1929 - le contestó su hija.

- Es de la misma época que los de Hércules Poirot - se asombró Clara.

- ¿Pero quién es ese señor? - volvió a preguntar Adrián, al que el nombre hacía gracia.

- Hércules Poirot es un detective belga que vive en Londres - le explicó Clara. - La autora lo describe como un personaje muy inteligente, al que me gusta mucho observar a los demás y analizar la psicología humana, más que las pistas clásicas de la policía, como las huellas dactilares y todo lo demás.

- Mamá y yo leímos *Crimen en el Orient Express* - comentó Gabriel - Me gustó mucho, pero va de asesinatos.

- ¿Te resultó fácil de leer? - le preguntó Octavio, con interés.

- Mamá me lo leyó en voz alta y fue fácil de seguir - le contestó el niño - Me gustó especialmente cuando Poirot, el director de la compañía de trenes y el médico entrevistan a todos los sospechosos y según mamá iba leyendo, yo pensaba "este es el asesino" y luego Poirot explicaba por qué no podía ser. ¡Pero el final no me lo esperaba para nada!

- Tiene una trama fácil de seguir porque es lineal: suben al tren, hay un asesinato cuando se quedan bloqueados por la nieve, análisis de los hechos y de las coartadas de los personajes, para, al final, el lucimiento de Poirot al juntar todas las pruebas y circunstancias y resolver el misterio. - le explicó la tía Alba al veterinario -

Como le gustó tanto, lo intentamos con *muerte en el Nilo*, pero la trama da más saltos, hay muchos más personajes y tuvimos que dejarlo porque al final, Gabriel se perdió.

- Es una lástima porque ese también está muy bien. - comentó Clara, a su vez - Es lo que me gusta de Poirot, ese ambiente refinado de los años 20 y 30, con sus gorros de la Belle Epoque, los trajes de diseño y los ambientes exclusivos.

- No te imagino para nada en un ambiente así - dijo la Yaya, examinando a Clara, vestida habitualmente con ropa deportiva.

- No, no es para nada su ambiente - rio Octavio.

- Quizás por eso me gusta, por el contraste. - contestó la aludida - Agatha Christie es muy irónica en los libros que escribe y no se corta al calificar incluso a su propio protagonista como "ridículo". Me gusta el contraste entre la admiración que despierta la inteligencia de Poirot y ese marco tan lujoso y superficial donde ocurren los relatos.

- Yo te veo más en un ambiente como el de *Emilio y los detectives* - dijo la tía Alba - La madre de Emilio es viuda y trabaja como peluquera. Los detectives son niños del Berlín popular, hijos de tenderos y oficinistas.

- Una misma época y dos mundos tan dispares - concluyó la tía Pilar.

Gabriel y Adrián llevaban un buen rato cuchicheando entre ellos, sin prestar atención a la conversación general.

- ¿De qué habláis? - preguntó Laura, curiosa, pues desde donde ella estaba sentada no podía oír lo que decían su hermano y su primo.

- ¡Sigo sin entender por qué no es una novela histórica! - exclamó Adrián, haciendo reír a adultos y niños.

- ¡Se lo he intentado explicar, pero no lo entiende! - gimió Gabriel, en medio del coro de risas.

- Es muy fácil, Adrián, cariño - dijo la Yaya - Cuando la tía Alba escribió la historia de Bolita y de cómo resolvisteis el misterio, es una novela de detectives, pero no es histórica porque pasa en la actualidad.

- Cuando tú tengas la edad de la tía Pilar y la lean tus bisnietos - empezó Clara, pero fue interrumpida por un conjunto de quejas infantiles que aseguraban que los biznietos de todos serían lectores empedernidos por lo que la mujer policía retomó - Bien, cuando las novelas de Alba sean clásicos de la literatura y todos vuestros descendientes las lean, además de la trama, las leerán para saber cómo era la vida de sus bisabuelos y bisabuelas.

- Pero si yo ahora escribiera una historia de no sé, cómo se descubrió el fuego en la prehistoria, eso sería una novela histórica - continuó la tía Alba, algo roja por los comentarios de su amiga.

- ¡Pero descubrir el fuego no es ningún misterio! - exclamó Adrián - No hace falta ningún detective para eso.

- Tienes razón, Adrián. Para descubrir el fuego no hace falta ser detective - le contestó Octavio - Pero sí hay novelas históricas de detectives.

- ¿De verdad? - exclamaron Anna y Laura a la vez.

- ¡Hay muchísimas! - exclamó Octavio - pero el que me viene ahora a la cabeza es *el nombre de la rosa* de Umberto Eco. Es una novela histórica porque ocurre en una abadía del siglo XIV y es de detectives porque hay un misterio, las muertes inexplicables de los monjes.

- ¿Y quién es el detective? - preguntó Anna, sentada en el borde de la silla.

- Un monje llamado Guillermo de Baskerville - dijo Octavio - Eco lo inventó basándose en un personaje histórico, pero inspirándose también en Sherlock Holmes, el clásico de los detectives.

- ¡Pinta muy bien! - declaró Gabriel, relamiendo como un gatito.

- Puedes intentar leerlo, por supuesto, pero yo creo que quizás sea un poco difícil para ti - lo desanimó Octavio, uniendo un gesto de consuelo a su jarro de agua fría - Umberto Eco tenía un gran dominio del lenguaje y su forma de expresarse es a veces un poco complejo para los jóvenes lectores.

- Es ahí donde radica la dificultad para encontrar libros inter-generacionales - intervino la tía Alba - Deben ser de lectura fácil para que los jóvenes lectores puedan entenderlos y al mismo tiempo, tener una trama interesante para que los lectores adultos se enganchen también.

- ¿Entonces, no hay libros históricos que podamos leer? - preguntó Anna, decepcionada.

- ¿Los comics de Gerónimo Stilton con la máquina del tiempo son también históricos? - preguntó Adrián, mirando a los adultos de forma alternativa, buscando una respuesta.

- Sí, claro, porque han sido escritos en la actualidad, pero situando la acción en el pasado - le contestó la tía Alba - Pero yo no les consideraría como inter-generacionales.

- ¿Por qué? - preguntó Anna - Son muy chulos.

- Sí, para niños de vuestra edad, pero para los adultos, la forma de relatar es un poco sencilla.

- le respondió la Yaya - Es justo lo contrario de lo que ocurre en *el nombre de la rosa.*

- Pero hay una diferencia - exclamó de pronto Laura, como si hubiera hecho un gran descubrimiento - Una cosa es que el escritor escriba sobre unos personajes que viven en otra época, pero aquí son personajes actuales que viajan al pasado, en una máquina del tiempo.

- Ay, Laura, creo que acabas de abrir una caja de Pandora - comentó la Yaya. - Porque efectivamente, la línea entre novela histórica y fantástica es muy sutil.

- No lo entiendo - le contestó la niña totalmente desconcertada.

- Te lo voy a intentar aclarar - le contestó la Yaya, preparándose para una larga explicación - Una novela histórica puede tener muchas perspectivas. Ya en época romana, los autores recogían sus gestas militares o los orígenes de su pueblo.

- En cierta manera, *la Ilíada* es un relato histórico, puesto que la guerra de Troya tuvo lugar unos siglos antes de que se escribiera el poema tal y como lo conocemos - apuntó Clara - Para los griegos antiguos, los dioses formaban parte de su realidad cotidiana e influían en el curso de las vidas humanas.

- Efectivamente - continuó la Yaya - Podía ser otra persona la que narrara los hechos, intentando ser lo más objetiva posible o ser el propio protagonista o un participante el que contara lo ocurrido unos años después.

- Siguiendo en época antigua, Julio César escribió *comentarios a la guerra de las Galias* unos años después de haber participado - dijo Octavio.

- ¿Pero es que sólo contaban guerras? ¿No pasaba nada más que fuera interesante? - se quejó Gabriel.

- Eran sociedades que basaban su estrategia en ser pueblos conquistadores - confirmó Clara - Aun así, seguro que pasaban otras cosas, dignas de ser relatadas. Grecia tuvo grandes filósofos y dramaturgos, por ejemplo.

- Y como se consideran obras clásicas, todas tienen obras simplificadas que pueden ser leídas por personas de diferentes generaciones - apostilló la tía Alba.

- Un día intenté leer *el banquete* de Platón, porque la maestra dijo que sus libros eran de diálogos - comentó Gabriel - Encontré el libro en la biblioteca y me senté a leer. ¡Pero no entendí nada de nada!

- Es lo que tiene Platón - se compadeció Clara

- Parece que diga cosas sencillas, pero son

conceptos muy abstractos que no resultan fáciles de entender. Hay mucha gente que ha intentado hacer más accesible la filosofía al gran público, como *el mundo de Sofía*, pero hay que tener una cierta madurez para entender de lo que se está hablando, por mucho que se intente simplificar.

- ¡Pero aún no hemos hablado de personas que viajan al pasado! - les recordó Laura, queriendo centrar el tema.

- Es verdad - asintió la Yaya - Hay un montón de libros sobre viajeros en el tiempo, pero el primer libro se titulaba justamente *la máquina del tiempo*, pero no es un libro histórico, sino de ciencia ficción puesto que el viajero se dirige al futuro y no al pasado. Es curioso que ya en el siglo XIX, de hable de viajes en el tiempo. Siempre me pareció que era muy temática más del siglo XX.

- Hasta ese momento, nunca se había presentado la posibilidad de moverse a lo largo del espacio temporal. La revolución industrial, ver cómo las máquinas cambiaban la vida cotidiana de las personas en todos los ámbitos dio alas a la imaginación humana - comentó Clara - Y, de paso, abrió el camino a una nueva temática, que ha resultado ser muy fecunda. Uno de los títulos que leí y recuerdo con cariño es *cruzada en jeans*.

- ¿De qué va? - dijo Anna haciendo de portavoz no sólo del público infantil, sino también de los adultos presentes.

- Un chico del siglo XX, llamado Rudolf, conoce a unos científicos, amigos de su padre, que han construido una máquina del tiempo - explicó Clara - No recuerdo muy bien... Quiere ir a un lugar de la historia, pero hay un error en el ajuste de la máquina y acaba en medio de una cruzada infantil.

- ¿Una cruzada infantil? ¿Qué es eso? - preguntó Adrián.

- Los cruzados eran soldados cristianos que iban a Jerusalén para liberarlo de los musulmanes - le explicó rápidamente Clara - Pero en este caso, son niños y adolescentes que siguen a un líder, un pastor alemán al que según dice, Dios se le ha aparecido y le ha asegurado que los musulmanes saldrán huyendo por la inocencia de los niños, al llegar a las murallas de Jerusalén.

- ¿Y qué pinta el chico que ha viajado en el tiempo en esta historia? - preguntó la tía Pilar, sin participar mucho, seguía con interés la conversación general.

- ¡Pues justamente de eso va la historia! - le respondió Clara, con una carcajada - Sólo os diré que por un lado quiere ayudar a los niños de la cruzada muy desamparados porque sufren de hambre y frío, y por el otro, desea volver a su tiempo, pero no puede ponerse en contacto con los científicos.

- ¡Jo, nos has puesto la miel en los labios! - se quejó Gabriel.

- Alba, ya sabes, apuntaló en la lista de libros para leer estas vacaciones - le dijo la Yaya, mirando a su hija.

Anna miraba distraída los diseños que decoraban la parte superior de la terraza, pero, al mismo tiempo, parecía "mirar sin ver", abstraída en su propio mundo. El codo de Laura, sentada a su lado, tropezó involuntariamente con su brazo y la niña salió bruscamente de su recogimiento interior, sobresaltada.

- ¡Lo siento, Anna! - se disculpó Laura - Ha sido sin querer.

- No te preocupes - dijo Anna - Estaba pensando en viajes al revés.

- ¿Viajes al revés? - le preguntó Laura.

- Sí, si una persona de otra época viniera a la nuestra - explicó su amiga.

- ¡Menudo lío! Esa pobre persona se encontraría bastante desubicada - comentó la tía Pilar, que, al estar cerca de las pequeñas había oído el intercambio. - Se sentiría como un pulpo en un garaje.

- Yo leí un libro sobre ese tema, cuando era más o menos de tu edad, Gabriel - dijo Octavio, mirando al mayor de los chicos. - Me debió gustar mucho porque aún me acuerdo del título. Se llamaba *el que volvía de lejos*. Iba de un chico del siglo XIII que cae en un lago dentro de una gruta, dónde queda congelado durante siete siglos. Pasado ese tiempo, un grupo de adolescentes lo encuentran y convencen a un médico para sacarlo.

- ¿Entonces la historia va de la diferencia entre su época y lo que se encuentra en esta? - preguntó la tía Pilar, compadecida de la suerte del muchacho.

- ¡Claro! Porque en este caso no hay vuelta atrás posible, está cautivo de este nuevo presente, por así decirlo - le contestó Octavio.

- Mamá, ahora te toca a ti - dijo la tía Alba - Tú no has recomendado ninguno.

- Yo sé cuál recomendaría la Yaya - susurró Gabriel, con cara de pillo.

- ¡Yo también! - exclamaron Adrián y Laura, casi a la vez.

- ¿Ya lo sabéis? - dijo la Yaya, mirando a sus nietos, que intercambiaban miradas de complicidad - Venga, a ver cuánto me conocéis y si sois capaces de adivinarlo.

- ¡Creo que hasta yo he adivinado qué libro es!
- dijo la tía Alba, tras mirar a los tres primos.

- Venga, todos a la vez, a ver si lo acertamos -
animó la Yaya - ¡Una, dos y tres! ¿Qué libro
es?

- *¡Juan Salvador Gaviota!* - exclamaron su
hija y sus nietos todos a la vez.

- ¡Pues sí lo tenías claro! - dijo la tía Pilar.

- ¡Era muy fácil, tía! - le contestó Laura. - La
Yaya nos ha leído ese libro muchas veces.

- Y tiene citas del libro colgadas de su
habitación - añadió Adrián.

- Y cada vez que ve una gaviota en la playa se
emociona porque dice que le recuerda al libro -
dijo Gabriel.

- Vamos, que hacer un misterio era imposible -
dijo Clara.

- Es que *Juan Salvador Gaviota* es ya... como
de la familia - dijo Gabriel, abriendo mucho
los brazos, para dar más peso a la obviedad de
sus palabras.

- Me siento identificada con el personaje - dijo
la Yaya - El inconformismo, la búsqueda de la
libertad y de la perfección, el seguir tu camino,
aunque los demás piensen diferente es, en
muchos aspectos, la historia de mi vida.
Además, no hace falta que explique por qué es
un libro inter-generacional: mis nietos lo han
dejado muy claro.

- Es fácil de leer porque también es una fábula - dijo la tía Alba - Pero tiene diferentes niveles de lectura. Eso es lo que tienen los libros inter-generacionales, que en realidad se pueden leer varias veces a lo largo de la vida y cada vez te va a aportar algo diferente. ¿De qué te ríes, mamá?

- Me estaba acordando de un día que, estando con Miyoko, mi amiga japonesa hablamos justamente de ese libro - le contestó la Yaya.

- ¿También lo conocen en Japón? - preguntó la tía Pilar.

- Parece ser que sí, porque hasta había no sé si era una adivinanza o un chiste basado en el libro - le contestó la Yaya. - Decía " Cien gaviotas vuelan en el cielo y una se llama Juan Salvador, ¿cómo se llaman las otras noventa y nueve?"

- Pues, no sé, cada una tendrá un nombre, ¿no?

- supuso la tía Pilar, sin saber qué decir.

- Miyoko me dijo que la respuesta era "gaviotas" - le respondió la Yaya.

- No lo entiendo - exclamaron los niños, sorprendidos.

- Yo tampoco, la verdad. Miyoko me lo intentó explicar un montón de veces y sigo sin entenderlo - les respondió la Yaya - Quizás sea una diferencia cultural , por eso no lo entendamos, pero lo que me hace gracia es, justamente, la simplicidad de la respuesta.

- Ahora te toca a ti, tía Pilar - la animó Laura -
Di un libro que te guste mucho.
- *¡La casa de la pradera*! - respondió ésta, sin
dudar.
- ¡Ése también me gusta mucho! - le contestó
la niña, con una sonrisa de complicidad -
Además, la protagonista se llama como yo.
- Lo que pasa con ese libro es que la serie de
televisión tuvo tanto éxito que dejó un poco
arrinconado el libro - comentó la Yaya.
- Pero el libro es mucho mejor que la serie -
ponderó la tía Pilar, con firmeza.
- Casi siempre es así - le contestó la tía Alba.
- ¿Pero, de qué va? Yo no conozco ni el libro
ni la serie - dijo Anna.
- Habla de una familia que decide irse a vivir
donde viven los indios y construyen una casa
en medio de la pradera - explicó la tía Pilar -
El padre es muy habilidoso e igual construye
una casa, que caza un conejo, que repara el
carromato. Sabe hacer de todo.
- La protagonista, que es la propia autora
admira tanto a su padre, que incluso la madre
queda un poco desdibujada - comentó la tía
Alba.

- Es muy de la época - le respondió la Yaya - La mujer sumisa que acompaña en todo al marido, aunque no le apetezca.

- Pero la autora describe muy bien cómo era el entorno - dijo la tía Pilar - Realmente, lo estás leyendo y tienes la impresión de estar allí, en medio de la pradera, entre las hierbas altas. Eso es lo que más me gusta.

- A mí lo que más me gustó es la vida familiar - dijo Gabriel - La vida cotidiana de una familia, los cinco solos, los padres, las tres hijas y el perro, sin nadie más a kilómetros a la redonda, cómo se las arreglan para cubrir todas sus necesidades.

- Realmente, hay un montón de libros perfectos para leer en familia. Me he acordado mientras hablabais de este - dijo Octavio, con voz nostálgica - Los de Jack London como *la llamada de lo salvaje* o *Colmillo Blanco*, el de Gerald Russell, mi familia y otros animales", que me hacía reír cada vez que lo leía.

- No me extraña - dijo Clara - Nosotros también teníamos un zoo en casa. Con lecturas así es evidente por qué acabaste siendo veterinario.

- *El libro de la selva* - continuó Octavio, sin inmutarse.

- ¡Por supuesto! ¡Ese no podía faltar! - seguía apostillando Clara, para diversión de los demás.

- ¿Sólo leías libros de animales? - le preguntó Gabriel, entre carcajada y carcajada.

- Al principio, sí - le contestó Octavio - Luego fui variando.

- Pero no mucho; libros para aprender a hacer trucos de magia y cosas así. - dijo Clara, con una sonrisa.

- ¡Entonces, ya sé qué libro te va a encantar! - exclamó Adrián, que se había puesto de pie para acercarse corriendo al veterinario, para darle más fuerza a sus palabras. - *¡Jacobo Lobo*!

- ¡Con su título así, seguro que me gusta! - le aseguró el veterinario, acomodando al niño sobre sus rodillas.

- Pues, mira, va de un niño que se llama Jacobo - le explicó Adrián, encantado del efecto de su recomendación - Vive con su familia adoptiva y el día que cumple siete años ¡se convierte en hombre-lobo! Bueno, en niño-lobo en realidad.

- ¿Así, por las buenas? - quiso saber Octavio, girando un poco al pequeño para poder verle la cara mientras hablaban.

- No, así por las buenas, no - negó Adrián - Es que había luna llena.

- ¡Ah, claro! Ese punto es imprescindible - aseguró el veterinario, intentando mantener la seriedad.

- Y al principio, sólo Tino, el hermano adoptivo de Jacobo sabe que es un niño-lobo - siguió relatando Adrián - porque tiene miedo de que sus padres adoptivos lo rechacen al es diferente. Pero luego conoce al abuelo Lobo...

- ¿Al abuelo Lobo? - preguntó Octavio, viendo que el niño no proseguía.

- ¡Pero eso no te lo voy a contar! - exclamó Adrián - porque si te lo cuento, ya te lo he dicho todo.

- Claro, claro - aseguró Octavio - Con las ganas que tengo de leerlo, mejor no me digas nada más, para no quitarme la ilusión.

- Sólo decirte que Juan, el papá adoptivo de Jacobo, es muy extravagante - informó Adrián.

- ¿Extravagante? - preguntó Octavio.

- Sí, extravagante. Lo dice él - afirmó el niño - porque le gusta todo lo que es diferente y lo que más le gusta es ponerse un cubreteteras con forma de elefante en la cabeza, como si fuera un gorro.

- ¿Con trompa y todo? - preguntó de nuevo Octavio.

- ¡Con trompa y todo! - le contestó Adrián, muy serio.

- Pues no me digas más - le dijo Octavio, dándole un beso en la mejilla - Ese libro, tengo que leerlo.

- ¿Y *la historia interminable*? - preguntó Clara, cuando acabaron de reír.

- ¡Ay, sí, ese es muy bueno! - exclamó la Yaya, emocionada.

- Y *Momo* - añadió Laura.

- Y los libros de *Jim Botón* - dijo Anna entonces.

- ¿Qué libros son esos? - preguntó la tía Alba - No los conozco. Nunca había oído hablar de ellos.

- Es también de Michael Ende - explicó Anna - Los leí con mi papá.

- Nosotros tampoco los conocíamos - aseguró Adrián, después de consultarlo con su melliza con la mirada.

- ¡Pues son súper chulo y vale la pena leerlos! - se animó su amiga. - Jim es un niño negro que llega en un paquete postal a una isla donde sólo viven cuatro personas y una locomotora, que se llama Emma.

- ¿La locomotora tiene nombre? - preguntó Laura, sorprendida.

- Sí, y aunque no habla, tiene sentimientos - añadió Anna - Durante la búsqueda de la princesa Li Si, Emma se pone muy enferma, por lo que Lucas y Jim tienen que curarla.

- ¡Menos mal que yo no tengo locomotoras entre mis pacientes! No creo que se me diera bien ocuparme de ellas - comentó Octavio, con Adrián aún sobre sus rodillas.

- ¿Y quién es la princesa Li Si? - preguntó Gabriel.

- ¿Y Lucas? - casi preguntó al mismo tiempo su primo.

- Lucas es el conductor de la locomotora y el mejor amigo de Jim. Li Si es la princesa de Mandala, el reino donde llegan Lucas y Jim navegando sobre Emma cuando de marchan de su isla - les explicó Anna.

- ¡Yo también quiero una locomotora así! - le contestó Gabriel, emocionado. - ¿También vuela?

- Sí, en el segundo libro, que se titula *Jim Botón y los trece salvajes* vuela - le contestó Anna - y también convierte en submarino.

- ¿Y por qué tienen que salvar a la princesa? - preguntó Adrián, que estaba más interesado por conocer el resto de la historia que por las habilidades de la locomotora.

- Porque, por un lado, la princesa ha sido raptada por los dragones y por otro, porque Jim y Lucas se dan cuenta de que el paquete de Jim fue entregado en una dirección incorrecta y que la verdadera dirección estaba en el país de los dragones - soltó Anna, casi sin respirar - Se les ocurre que, si van allí, además de salvar a la princesa, podrían saber de dónde viene Jim.

- A ver que yo me entere, que por aquí tenemos de todo - interrumpió Octavio - Yo lo que sabía era que los niños los traía la cigüeña, en algunos países decían que los bebés se encontraban debajo de una col o también la explicación esa de las abejas y las flores, como si no fuera más fácil explicar la verdad a los niños, pero que los bebés llegaran por correo es nuevo.

- ¡Que no! Lo envían por correo porque los piratas lo han secuestrado y lo quieren enviar a los dragones - explicó Anna, metida dentro de la lógica de la historia.

- Entonces, los piratas y los dragones son amigos - dijo Gabriel, creyendo haber entendido la historia.

- No, no son amigos. Tienen relaciones profesionales. Los piratas secuestran y los dragones les pagan por su trabajo - dijo Anna.

- Y por eso Jim no sabe quiénes son sus padres, porque lo secuestraron siendo un bebé y no se acuerda.

- Sí, claro, es lo que suele pasar, con los bebés - comentó la Yaya.

- No, pero los bebés de Mandala sí se acuerdan y hablan como las personas mayores, aunque siguen usando pañales, como le ocurre a Ping Pong - le contestó Anna. - De hecho, Ping Pong acaba siendo primer ministro de Mandala.

- ¡Eso sí que es precocidad! - exclamó Clara - ¿Y quién le cambia los pañales al primer ministro, su mamá o se los cambia él solo?
- No lo sé - contestó Anna, desconcertada. - No lo dicen.
- Pues nada, otros dos libros para poner en la lista - concluyó la tía Alba - ¿Venga, alguien propone más?
- *Mujercitas* - dijo la tía Pilar, como si lo tuviese guardado para decirlo en la primera ocasión.
- Y *el pequeño lord*, *la princesita* y *el jardín secreto*. - dijo a su vez la Yaya - Son de la misma autora, pero ahora mismo no me acuerdo de su nombre.
- ¡*Pippi Calzaslargas*! - añadió Clara. - Me gusta ese personaje desde que era pequeña, con sus trenzas para arriba. ¡Hasta fui al parque temático que hay en Suecia hace unos años!
- ¿Hay un parque temático sobre Pippi Langstrump? - se sorprendió la Yaya.
- En realidad, no es sólo de Pippi, sino de todos los personajes de Astrid Lindgren - explicó Clara. - Había también otros personajes, que yo no conocía. Me gustó especialmente el de los bandoleros tanto, que me compré el libro y lo leí de vuelta en el avión.
- ¿El libro de Ronja? - quiso saber la tía Alba.

- Sí, *la hija del bandolero* - le contestó Clara, sorprendida que conociera al personaje - En el parque hay una reproducción del bosque de Matt, donde ocurre la historia. ¡Es precioso!

- ¡Nos encantó ese libro! - dijo la tía Alba, mirando a su hijo - La historia de Ronja y Birk, parecida a la de Romeo y Julieta, pero más luminosa e inocente, con los toques mágicos de los seres fantásticos, algunos peligrosos, otros inofensivos, los caballos, que siempre están presentes en todos los libros de esta autora. Lo leí de pequeña y me marcó. Lo volví a leer con Gabriel y sigue teniendo el mismo encanto.

- ¿Y estaba también Nangijala en el parque? - preguntó Gabriel, dirigiéndose a la mujer policía.

- ¿Nangi... qué? - preguntó Adrián a su primo.

- Nangijala. Es el país donde van *los hermanos Corazón de León* - le explicó Gabriel. - Es mi libro favorito.

- Ya lo creo - confirmó su madre - Lo ha leído tantas veces que creo que lo podría recitar de memoria.

- ¿Es el del dragón? - quiso saber Clara.

- Sí, ése - dijo Gabriel, con los ojos brillantes - Pero es una dragona. Se llama Katla y es muy peligrosa porque una sola chispa de su fuego puede paralizarte y hasta matarte.

- Sí, vi el espectáculo en el parque - afirmó Clara - Pero me pareció un cuento muy oscuro y no me llamó tanto la atención.
- Es oscuro porque habla de la muerte - le explicó Gabriel - Pero también habla de oponerse a los tiranos, de la amistad, del amor entre hermanos, de la lealtad y la traición.
- En resumen, Clara, que lo leas, que te gustará - concluyó Octavio.
- ¡Eso es! - dijo Gabriel.

- ¡Y yo que decía que, así, a voz de pronto, no iba a poder dar una lista de libros inter-generacionales! - exclamó Clara. - Si llego a tener una lista, mañana aún estamos aquí, sentados alrededor de la mesa, diciendo libros.
- Pues aún podría nombrarte más - le contestó la tía Alba, con una sonrisa.
- ¿Más? - se sorprendió la tía Pilar.
- Claro, aún no hemos hablado de los libros de Julio Verne - le contestó la tía Alba.
- ¡Ostras, sí! - dijo su madre.
- *20.000 leguas de viaje submarino* - citó Octavio - y *los hijos del capitán Grant*.
- De la Tierra a la Luna - dijo Clara a su vez.
- *Miguel Strogoff* y *dos años de vacaciones* - añadió Gabriel.

- ¿Todos esos libros son del mismo autor? - exclamó Anna, que había estado mucho rato callada, escuchando la conversación, al igual que los mellizos.

- Sí, todos esos y muchos más - le confirmó la Yaya.

- Pero, aunque las tramas y las historias aún tienen la capacidad de entusiasmar a las generaciones actuales, quizás para una lectura inter-generacional sería mejor empezar por una adaptación - aconsejó la tía Alba.

- ¿Por qué? - preguntó Laura - ¿No es como el chocolate, que, si te gusta, te gusta y si no te gusta, no te gusta?

- No es exactamente así - sonrió la tía Alba, divertida por la comparación - Cuando escribió sus novelas, Julio Verne lo que quería hacer era divulgación científica.

- ¿Qué es eso? - preguntó esta vez Adrián.

- Ya os hemos hablado antes de la revolución industrial y de cómo cambió la vida de las personas, por todas las máquinas que se inventaron - les explicó Octavio - Pues no sólo se inventaron máquinas, también al tener nuevas herramientas, se pudieron hacer experimentos científicos que dieron paso a nuevos descubrimientos.

- Por tanto, Julio Verne, lo que quería era incluir toda esa información en sus libros para que las personas en general, y sobre todo los jóvenes, pudieran aprender de forma amena - dijo Clara.

- ¿Y qué experimentos ponía en sus libros? - preguntó Laura.

- Pues mira, uno que recuerdo. Lo leí en *los hijos del capitán Grant* y me pareció tan curioso, que se me quedó en la cabeza. Cuando lo estudié en clase, siempre pensaba en el libro - dijo Octavio - Los personajes están en una montaña y uno de ellos comenta que el café no tendrá el mismo sabor que en Inglaterra porque al estar a mayor altura sobre el nivel del mar, el agua no hierve a la misma temperatura que en la costa.

- ¿No hierve siempre a 100° C? - preguntó Gabriel.

- No, a esa temperatura, el agua hierve a nivel de la costa - le explicó el veterinario - pero estaban en una montaña de Sudamérica, a.... ya no recuerdo la altura exacta, pero pon que fueran 2500 metros, el agua herviría a unos 92 grados.

- ¿Y eso, por qué afecta al sabor? - preguntó Adrián.

- Porque una cosa es la temperatura a la que hierve y otra distinta a la que cuece - le explicó Octavio - Por mucho que hierva, la temperatura es inferior y, por tanto, tarda más en cocerse, afectando, entre otras cosas, a su sabor. El agua lo que hace en general es hacer más blando lo que se está hirviendo. Si hierves una zanahoria, por ejemplo, al cocerse, el agua penetra dentro de la zanahoria, pero algunos elementos de la zanahoria, como los pigmentos, pasan al agua.

- ¿Y todo eso lo pone en el libro? - se sorprendió Laura.

- Más o menos - le respondió Octavio.

- ¡Pero eso es súper interesante! - exclamó la niña - ¿Por qué lo tendrían que quitar?

- Realmente es muy interesante, cariño - le concedió la tía Alba - Pero imagina que te van dando no una explicación, sino muchas, a lo largo del libro. Algunos lectores se pierden si hay muchas distracciones en el hilo de la historia.

- Además, se puede probar las dos cosas - sugirió la Yaya - Mirar qué le interesa más a un grupo de lectores concreto, si el texto original o uno simplificado.

- Si un libro te gusta mucho, lo puedes leer varias veces - añadió la tía Pilar.

- Y no tiene porqué ser siempre la misma versión - dijo a su vez Clara - A veces, te puede gustar más la versión simplificada para centrarte más en la acción y otra, la original, para ver ese tipo de detalles.

- Además las versiones simplificadas permiten acceder de forma más fácil a los clásicos, que suelen haber estado escritos hace mucho tiempo y con un vocabulario que ya no es el mismo que se usa ahora - añadió la tía Alba - Así se puede leer *el Quijote* o *los viajes de Gulliver*.

- Y tampoco hace falta que sean novelas - dijo Clara - También puede ser teatro o poesía.

- Eso es - afirmó la tía Alba - Lo más importante es que sea libros que se disfruten juntos, simplemente. Es cuestión de ir probando, hasta encontrar lo que más nos gusta y nos apetece.

La noche había caído. Anna dormitaba hecha un ovillo en su silla, mientras que los mellizos se frotaban los ojos, intentando mantenerse despiertos.

- Venga, a la cama - les dijo la Yaya, mientras los adultos recogían la mesa y empezaban a despedirse.

ALCOTT, Louise May

Mujercitas

ALLENDE, Isabel

La ciudad de las bestias

BACH, Richard

Juan Salvador Gaviota

BECKMAN, Thea

Cruzada en jeans

CERVANTES, Miguel

El Quijote

CESAR, Julio

Comentarios a la guerra de las Galias

CHRISTIE, Agatha

Crimen en el Orient Express

Colmillo Blanco

PLATÓN

El banquete

SWIFT, Jonathan

Los viajes de Gulliver

VAN LOON, Paul

Jacobo Lobo

VERNE, Julio

20.000 leguas de viaje submarino

Los hijos del capitán Grant

De la tierra a la luna

Miguel Strogoff

Dos años de vacaciones

WELLS, Herbert Georges

La máquina del tiempo

Si te ha gustado el libro, puedes encontrar otros libros de la autora en Amazon.

También puedes ponerte en contacto con ella a través de anais.bellido@yahoo.com

o en su página web:

https://www.inter-generacional.com

www.ingramcontent.com/pod-product-compliance
Lightning Source LLC
Chambersburg PA
CBHW020134180726
47992CB00023B/2994